Les Associations Cultuelles

EN ALLEMAGNE

✢ ✢

LÉGISLATION

et

DOCUMENTS

Relatifs à l'attitude prise

par le SAINT-SIÈGE et par l'ÉPISCOPAT

✢ ✢ ✢ ✢

Mémoire confidentiel

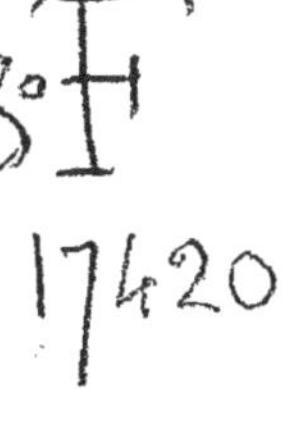

Table des Matières

PRÉFACE

La législation allemande, depuis 1875, a dépossédé l'Eglise de l'administration de ses biens temporels et l'a remise à des *Conseils d'Eglise* et à des *représentations paroissiales*. Ces Conseils d'Eglise et représentations paroissiales sont semblables aux associations cultuelles établies chez nous par la loi de Séparation, avec des circonstances aggravantes, ces deux entre autres : 1° les membres des Conseils d'Eglise et des représentations paroissiales sont élus par tous les habitants catholiques de la commune ; 2° en cas de conflit entre ces Conseils et représentations et l'autorité épiscopale, ce sont les président et président supérieur de la province ou le ministre des Cultes qui tranche.

Néanmoins, après avoir protesté contre la loi, qu'ils déclaraient « violer les droits essentiels et inaliénables de l'Eglise, mettre l'autorité religieuse sous la dépendance d'associations laïques et du pouvoir civil », les évêques allemands s'y soumirent, pratiquement, avec l'autorisation du Souverain Pontife.

On a pensé que dans les circonstances où se trouve l'Episcopat français, il y avait intérêt à faire connaître, avec le texte complet de la loi allemande sur l'administration des biens temporels de l'Eglise, les documents qui se rapportent à l'attitude prise à ce sujet par les évêques de Prusse et par le Saint-Siège.

Il importe, pour l'intelligence de ces documents, de bien marquer chaque étape de la loi et de les replacer dans les circonstances et à la date où ils se produisirent.

En 1872, un avant-projet avait déjà été élaboré. Un projet ferme ne fut déposé sur le bureau de la Chambre des Députés que le 27 janvier 1875.

On sait par quelles persécutions fut rempli cet intervalle de trois années :

En 1872, retrait au clergé de la surveillance des écoles ; déclaration d'incapacité d'enseigner pour tous les congréganistes ; expulsion des Jésuites, Lazaristes, Rédemptoristes, dames du Sacré-Cœur, auxquels on enlève même « la nationalité ».

En 1873, les fameuses lois dites de Mai : Suppression des Petits Séminaires ; obligation pour les Grands Séminaires de se soumettre à l'inspection de l'Etat ; les fonctions ecclésiastiques déclarées accessibles seulement aux sujets de l'empire ayant étudié trois ans dans une Université et ayant passé un « examen de culture » sur l'histoire, la philosophie, etc. ; serment de fidélité exigé des évêques ; élection du curé par les paroissiens au cas où l'évêque refuserait d'en nommer un lui-même, etc. De là l'emprisonnement ou la destitution de nombreux évêques.

Le 27 janvier 1875, le nouveau projet de loi sur l'administration des biens d'Eglise est présenté à la Chambre des Députés par le Gouvernement. La première délibération a lieu le 16 et le 17 février. Une Commission de 21 membres est nommée.

Le 10 mars, au nom de l'épiscopat prussien, Mgr Melchers, archevêque de Cologne (qui avait été condamné à la prison un an auparavant, le 31 mars 1874), adresse une requête au Landtag contre le projet de loi.

Néanmoins, encore au nom de tous les évêques de Prusse, il écrit à Rome et demande la ligne de conduite à suivre, au cas où la loi, telle qu'elle est en projet, serait votée. *Utrum Episcoporum et fidelium cooperatio in exequenda lege Gubernii circà bonorum Ecclesiæ catholicæ administrationem ab Apostolica Sede permitti, aut saltem tolerari possit?*

Le 3 mai, S. E. le cardinal Antonelli répondit que le Saint-Siège tolérait la coopération des évêques et des fidèles à l'exécution de la loi ; et bientôt après les évêques firent connaître au président de leur province qu'ils se soumettaient aux prescriptions légales en ce qui concernait l'administration temporelle des biens des Eglises.

La soumission des évêques et des fidèles allemands à la loi de 1875 ne les empêcha pas de remplir admirablement leur devoir. Malgré tout ce qu'ils avaient déjà subi et tout ce qu'ils avaient à craindre du plus tyrannique des pouvoirs, ils n'hésitèrent pas à se servir de la loi. Ils trouvèrent alors un ferme appui dans ces Conseils d'Eglise et représentations paroissiales qu'ils avaient demandé au Saint-Siège de pouvoir accepter dans la pratique, conformément à une loi justement condamnée.

Les évêques de France ne seront ni moins sages ni moins courageux que leurs frères d'Outre-Rhin.

On remarquera la raison qui engagea Pie IX à tolérer l'établissement des associations cultuelles en Allemagne : *Ad avertenda graviora mala.*

Y a-t-il de plus grands maux à redouter et à prévenir qué ceux qui résulteraient pour l'Eglise de France du rejet absolu des associations cultuelles?

On n'a pas seulement à craindre la perte de la jouissance temporaire des évêchés, des presbytères, des séminaires, la fermeture ou l'aliénation des églises, la cessation du culte public, l'obligation pour les jeunes prêtres de moins de vingt-cinq ans, ayant bénéficié de l'art. 23 de la loi de 1889, de compléter leurs années de service militaire, les tracasseries sans fin pour les réunions privées et publiques du culte tombant sous le coup des prescriptions de la loi du 30 juin 1881, l'insécurité de ces réunions livrées sans défense à tous les perturbateurs.

On subira encore d'autres dommages bien plus importants et tout à fait irréparables.

On perdra toutes les fondations de Messes et toutes les rentes des séminaires.

Il y a des diocèses où le capital des fondations de Messes

dépasse plusieurs millions. Or, peut-on, en conscience, renoncer à faire acquitter les Messes dont on a reçu le capital, qu'il soit considérable ou non, dont on a accepté la charge ? Ne doit-on pas, en conscience, employer le seul moyen légal qui reste de se libérer de cette obligation, quand ce moyen n'a rien de contraire, en soi, à la conscience? C'est la raison invoquée par les évêques allemands dans le *Document VIII*.

En perdant volontairement les fondations de Messes, on ne manque pas seulement à un devoir de conscience vis-à-vis des fondateurs, mais on prive les prêtres d'honoraires de Messes qui constitueront pour eux, dans le temps présent, une ressource certaine et importante.

La perte des rentes des séminaires sera aussi une injustice à l'égard de ceux qui les ont constituées, et quelle suite douloureuse n'aura-t-elle pas pour ces établissements, dont elle rendra l'entretien *impossible !* Que deviendront alors le recrutement, déjà si difficile, et la formation du clergé ? A ces pertes, il faut ajouter la suppression des allocations temporaires faites au clergé.

Il ne faut pas espérer qu'un gouvernement réparateur rendra ces fondations et ces rentes. Une fois aliénées, elles seront à jamais perdues pour l'Eglise de France.

Les pertes, dans l'ordre moral, surpasseront les pertes matérielles.

Sans les associations cultuelles, il sera impossible d'avoir dans les diocèses une administration régulière, et sans une administration régulière, fortement basée sur des statuts canoniques, comment gouverner un diocèse ? C'est « la multitude » livrée à elle-même, c'est « le troupeau » commandant au pasteur, c'est le clergé à la solde et à la remorque d'un parti politique.

Il ne faut pas songer à substituer aux associations cultuelles légales des associations similaires créées par l'autorité ecclésiàstique seule. Dans les campagnes surtout, on ne trouvera pas de catholiques qui veuillent faire partie de ces associations illégales, qui les exposeraient à toute sorte de responsabilités. Ce sera donc la débandade administrative et l'anarchie dans tous les diocèses de France.

Ce serait se faire illusion de croire qu'il se formera un courant salutaire d'opinion catholique qui entraînera les foules. Dans les diocèses où le clergé a le plus travaillé pour créer ce courant, les foules sont restées à peu près indifférentes ; et la preuve, c'est qu'on n'y a recueilli que quelques misérables mille francs pour l'entretien des prêtres (1).

A tous les points de vue, la nécessité pratique des associations cultuelles légales s'impose.

Condamnées doctrinalement dans leur principe et telles que la loi seule les créerait, ces associations peuvent, dans la pratique, être organisées canoniquement. Car, afin de permettre qu'elles se conforment aux règles de l'organisation générale du culte catholique, le Règlement d'administration publique porte, art. 30 : « Les associations cultuelles se constituent, s'organisent et fonctionnent librement, sous les seules conditions résultant de la loi du 9 décembre 1905. » Ces conditions regardent la formation légale et la gestion financière ; pour tout ce qui touche au culte proprement dit, les évêques peuvent leur imposer une constitution, une organisation, un fonctionnement conformes à la plus stricte observation des lois de l'Eglise. Que telle soit cette liberté assurée par le Règlement, le rapport présenté au Conseil d'Etat par la Commission chargée de l'élaborer, le confirme en termes on ne peut plus explicites ; on y lit :

« Les associations cultuelles sont libres quant à la rédaction

____

(1) Les élections viennent d'en fournir une autre preuve.

de leurs statuts, sauf les deux cas prévus aux paragraphes 2 et 3 de l'art. 19.

« Aucune règle ne leur est imposée quant à leur fonctionnement intérieur.

« Elles sont entièrement libres quant au recrutement de leurs membres, quant aux conditions à fixer pour la nomination de leur directeur ou administrateur.

« Il n'est pas exact de prétendre qu'elles devront être composées de laïques, à l'exclusion des membres du clergé. Il leur est, au contraire, loisible de réserver à l'élément ecclésiastique, soit parmi les membres, soit parmi leurs administrateurs, telle place qu'il leur convient. Les associations cultuelles ne sont pas moins libres quant à la détermination de leur rayon d'action, sous réserve de l'attribution des biens.

« Est-il besoin d'ajouter que ces associations sont libres, *a fortiori*, pour tout ce qui touche au domaine religieux proprement dit, aux rapports entre les fidèles et les membres du clergé ou de ceux-ci entre eux, aux dogmes, à la discipline ecclésiastique ?

« Le spirituel est définitivement séparé du temporel, et l'Etat n'intervient à aucun degré dans la constitution intérieure des Eglises.

« Cette indépendance complète que le législateur a entendu accorder, le projet de Règlement la respecte scrupuleusement, en laissant chaque culte s'organiser avec ses règles et ses traditions propres, et s'il est permis à telle Eglise, s'inspirant d'une conception démocratique, de poursuivre ses destinées en maintenant une égalité plus ou moins complète entre ses membres, telle autre Eglise, de beaucoup la plus nombreuse dans notre pays, pourra, par des clauses insérées dans ses statuts, maintenir la hiérarchie des pasteurs et leur autorité sur les fidèles ; c'est là un point capital qu'il importait de préciser.

« Votre Commission a, dans ce but, unanimement décidé d'insérer au projet de Règlement le texte qui forme l'art. 30. »

Quand les évêques auront élaboré les statuts des associations cultuelles, quand le Saint-Siège aura approuvé et imposé uniformément ces statuts, les associations seront, pratiquement, instituées canoniquement, bien plus et bien mieux que les Conseils de Fabrique actuels.

Il est inexact de prétendre que l'art. 8 de la loi du 9 décembre 1905 et autres articles rendent nulles la constitution et l'organisation canoniques données aux associations cultuelles, puisque, dit-on, le Conseil d'Etat est libre de reconnaître une autre association cultuelle catholique, qui n'aura pas été canoniquement instituée.

La vérité est que le Conseil d'Etat est impérieusement lié par l'art. 4 de la loi, aux termes duquel l'association cultuelle ne peut recevoir d'existence légale que si elle est instituée en conformité des règles de l'organisation générale du culte. C'est la conclusion certaine que donnent deux jurisconsultes de l'archevêché de Paris, MM. de Lamarzelle et Taudière, dans leur *Commentaire théorique et pratique de la loi du 9 décembre 1905* (Plon-Nourrit, Paris).

Après avoir établi et discuté la question, ils terminent ainsi leur argumentation : « Comme l'a dit M. Briand, après le vote de l'art. 8, l'art. 4 subsiste, avec toute sa portée et toute sa force. Le Conseil d'Etat ne pourra donc jamais user, en fait, de son pouvoir discrétionnaire, une seule association approuvée par l'autorité catholique se présentant devant lui pour recueillir les biens. Les autres, qui en contesteraient l'attribution à celle-ci, ne pourront jamais l'obtenir, si l'art. 4 est respecté.

L'association cultuelle catholique n'est donc légale que si elle est soumise à l'autorité ecclésiastique, que si elle est dans la hiérarchie catholique (1). »

---

(1) *Commentaire,* p. 223-230.

C'est aussi l'opinion d'un très distingué jurisconsulte, avocat à la Cour d'appel de Paris, M. G. Lagresille, qui s'exprime ainsi : « La loi de Séparation consacre implicitement l'organisation hiérarchique actuelle de l'Eglise ; elle fait, en effet, de la conformité des associations cultuelles avec les règles d'organisation générale de leur culte une condition de validité de leur constitution, et la première de toutes les règles de l'organisation générale d'un culte est évidemment celle qui établit sa hiérarchie. » *(Un Plan de Réorganisation légale de l'Eglise de France.* Paris, A. Pedoue, éditeur.)

Ainsi, on n'est pas autorisé, juridiquement parlant, à affirmer que le Conseil d'Etat peut éluder les stipulations de l'art. 4, à l'aide de l'art. 8.

Dès lors, qui ne voit le secours que l'autorité ecclésiastique peut trouver dans cet art. 8, en cas où une association cultuelle, d'abord canoniquement instituée, viendrait à se révolter contre les décisions de ladite autorité ? Il suffirait de constituer une autre association cultuelle, de lui donner un prêtre approuvé et les statuts canoniques, puis de lui prescrire de s'adresser au Conseil d'Etat pour se faire transmettre les biens possédés par l'association révoltée. Il s'agit, il ne faut pas l'oublier, de matières mixtes, de biens temporels, et ce recours « au bras séculier » est permis. Or, lié par l'art. 4, le Conseil d'Etat ne pourrait que confirmer les décisions de l'autorité ecclésiastique, de qui dépend l'organisation générale du culte catholique (1).

On objecte encore que ces dispositions favorables de la loi seront prochainement remplacées par des dispositions absolument tyranniques, et on cite des propos menaçants tenus à la tribune par quelques énergumènes de la Chambre et du Sénat.

On se borne à faire observer qu'il n'est pas sage de tomber

---

(1) V. *Commentaire théorique et pratique de la Loi du 9 décembre 1905,* par MM. de Lamarzelle et Taudière, p. 292 sq.

dans un mal certain immédiat, pour éviter un mal hypothé-
tique et encore éloigné, comme il faut toujours préférer un bien
présent et certain à l'espérance douteuse et à l'attente incer-
taine d'un plus grand bien, ainsi que l'écrivait Léon XIII à
l'Archevêque de Cologne.

On tirera de ces quelques remarques, suggérées par les documents qui sont publiés ici, les conclusions suivantes :

1º Si on n'envisage que l'intérêt religieux seul, on se persua-
dera facilement qu'il faut se résigner à subir la loi, pour éviter
de plus grands maux, *ad avertenda graviora mala;* si on mêle des
vues politiques à cette question, la politique de raison nous
dira qu'il faut profiter des rares avantages qu'offre la loi pour
organiser les associations cultuelles, éviter les désordres religieux et civils, que leur absence engendrera fatalement, et,
appuyé sur cette organisation administrative, travailler, par
toutes les voies légales, à conquérir les libertés nécessaires.
Seules, la politique d'illusion et la politique de violence con-
seilleront une résistance pleine des plus désastreuses consé-
quences;

2º La formule de la soumission passive nous est donnée par
les évêques allemands : Se servir des droits reconnus aux
règles de l'organisation générale du culte catholique, ce qui
implique la reconnaissance de la hiérarchie sacrée, et maintenir
énergiquement la condamnation doctrinale;

3º Si la persécution redouble de violence et commet de nouveaux attentats, imiter les évêques et le clergé allemands;
résister comme eux, agir comme eux, et arriver, même par la
prison, l'exil, la faim, à contraindre le pouvoir persécuteur à
reconnaître enfin, avec Bismarck, « qu'il ne faut jamais refuser
à un peuple la satisfaction de la conscience ».

I

LOI SUR L'ADMINISTRATION DES BIENS DES PAROISSES CATHOLIQUES

DU 20 JUIN 1875 (1)

Nous, Guillaume, par la grâce de Dieu, roi de Prusse, etc..., ordonnons, avec l'assentiment des deux Chambres et pour toute l'étendue de la monarchie, ce qui suit :

§ 1er. — Dans toutes les paroisses catholiques, les biens religieux seront administrés par un Conseil d'Eglise (2) et une représentation paroissiale, selon les prescriptions de la présente loi.

§ 2. — Les prescriptions du paragraphe 1er concernent aussi les paroisses de Missions, ainsi que toutes autres paroisses religieuses (succursales, chapelles paroissiales, etc.), qui possèdent des biens religieux déterminés, ou dont les membres s'occupent d'œuvres diverses pour subvenir aux besoins religieux.

§ 3. — D'après cette loi, sont considérés comme biens religieux :

1° Les biens nécessaires à l'exercice du culte, y compris les bâtiments de l'église et de la cure, les biens destinés au payement des prêtres et des autres serviteurs de l'Eglise, ainsi que les fondations pour anniversaires;

2° Les biens destinés à toutes œuvres religieuses de bienfaisance ou d'instruction scolaire;

3° Le produit de toutes quêtes ou collectes effectuées à l'intérieur et à l'extérieur de l'église par les agents religieux et destiné à toutes œuvres religieuses de bienfaisance ou d'instruction scolaire, en faveur de la paroisse;

---

(1) SIEGFRIED : *Actenstücke betreffend den preussischen Culturkampf* (144). Fribourg-en-Brisgau, Herder, 1882.

(2) « Conseil d'Eglise » est l'équivalent du terme : Conseil de Fabrique.

4° Les fondations instituées à l'intérieur de la commune et administrées par les agents religieux, en faveur d'œuvres de bienfaisance ou d'instruction scolaire.

§ 4. — Les droits de l'Etat ou des communes civiles sur les cimetières ou tous autres biens de ce genre, destinés à un usage religieux, ne sont pas touchés par la présente loi.

La présente loi ne comprend pas sous le nom de biens religieux ceux qui, tout en servant à un usage religieux, restent constamment sous la régie de l'Etat, des communes civiles ou des associations communales.

I. — *Le Conseil d'Eglise*

§ 5. — Le Conseil d'Eglise se compose :

1° Dans les paroisses, du prêtre; dans les succursales, chapelles, etc., qui ont leurs propres desservants, du plus ancien en place;

2° De plusieurs marguilliers, élus par la commune;

3° En cas d'application du paragraphe 39, du fondé de pouvoirs qu'il désigne ou du préposé nommé par ce dernier.

§ 6. — Le nombre des marguilliers à élire pour chaque commune est de 4 pour une commune de 500 membres; de 6 pour une commune de plus de 500 et jusqu'à 2.000 membres; de 8 pour plus de 2.000 et jusqu'à 5.000 membres; de 10 au-dessus de 5.000 membres.

Une réduction ou une augmentation du nombre peut être faite sur décision de l'assemblée paroissiale; le nombre cependant ne peut être supérieur à 12, ni inférieur à 4.

En raison du nombre d'habitants ou de conditions spéciales d'une commune, le nombre peut, sous ratification du premier président, être réduit à deux.

§ 7. — La charge de marguillier est une charge honorifique.

En cas d'administration extraordinairement astreignante, une indemnité raisonnable peut être accordée par l'assemblée communale, sur proposition du Conseil d'Eglise.

§ 8. — Le Conseil d'Eglise régit la fortune religieuse. Il représente l'ensemble des biens confiés à son administration, et la paroisse juridiquement pour tout ce qui concerne ses biens.

Les droits des possesseurs de biens destinés au payement des prêtres et des autres serviteurs de l'Eglise ne peuvent être mis en cause.

§ 9. — Les membres du Conseil d'Eglise sont responsables de la bonne conduite de leur administration.

§ 10. — L'administration de la caisse et la comptabilité doivent être confiées à un marguillier élu par le Conseil d'Eglise.

Sur décision du Conseil d'Eglise, un comptable spécial, n'appartenant pas au Conseil, peut être engagé. Ce comptable est assimilé aux serviteurs de l'Eglise, selon l'esprit de la loi du 12 mai 1873.

§ 11. — Le Conseil d'Eglise doit dresser un inventaire de tous les biens confiés à son administration (paragraphe 3) et le tenir à jour.

Il doit dresser une évaluation préalable des recettes et des dépenses annuelles, et adresser chaque année un rapport complet sur la situation de la fortune religieuse à la représentation paroissiale.

A la fin de chaque exercice, le Conseil d'Eglise doit vérifier les comptes.

§ 12. — Le Conseil d'Eglise élit parmi ses membres désignés par les nᵒˢ 2 et 3 du paragraphe 5, lors de l'entrée de nouveaux marguilliers, un président et un suppléant, tous les deux pour trois ans.

§ 13. — Le Conseil d'Eglise s'assemble sur invitation du président, aussi souvent que l'exige la liquidation des affaires pendantes.

Sur décision, des assemblées régulières peuvent être instituées.

§ 14. — Le Conseil d'Eglise peut être convoqué, sur demande, par :
1° Les autorités épiscopales ;
2° Par l'autorité civile (préfet, sous-préfet) ; dans les villes, par le bourgmestre ;
3° Par la moitié des membres du Conseil d'Eglise ;
4° Sur décision de la représentation paroissiale.

Dans les deux derniers cas, autant que les objets à soumettre au Conseil d'Eglise sont de sa compétence.

§ 15. — Si le président ne donne pas suite à cette demande, ou s'il n'y a pas de président, l'assemblée peut être convoquée par l'autorité épiscopale, ainsi que par les agents nommés sous le nᵒ 2 du paragraphe 14.

Dans ces cas, l'autorité qui convoque nomme le président parmi les membres du Conseil d'Eglise désignés sous les nᵒˢ 2 et 3 du paragraphe 5.

3

§ 16. — Tous les membres du Conseil d'Eglise doivent être convoqués pour les séances. L'invitation doit être faite par écrit, si la décision à intervenir doit être confirmée par la représentation paroissiale, et porter l'ordre du jour ; elle doit parvenir à l'intéressé au moins un jour avant celui fixé pour la séance.

§ 17. — Les décisions doivent réunir la majorité des membres présents. En cas d'égalité, dans un scrutin à mains levées, la voix du président est prépondérante ; dans un scrutin secret, le sort décide.

Pour qu'une décision soit valable, il faut que la moitié au moins des membres du Conseil d'Eglise prenne part au vote.

Les membres qui sont intéressés personnellement à l'adoption d'une décision doivent s'abstenir de voter.

Lorsqu'une invitation n'a pas été effectuée selon les prescriptions, une décision ne peut être adoptée que si le Conseil d'Eglise est au complet et qu'aucune opposition n'ait été manifestée.

§ 18. — Les décisions doivent être inscrites avec la date et le nombre des présents dans un registre de procès-verbaux. Les procès-verbaux seront signés par le président et par un membre au moins du Conseil d'Eglise.

§ 19. — Tout acte écrit engageant la paroisse et les biens religieux que le Conseil d'Eglise administre doit être revêtu de la signature du président, de deux membres du Conseil d'Eglise et de l'apposition du cachet officiel.

L'acte ainsi établi est une garantie vis-à-vis de tiers, de manière qu'on n'a pas besoin de prouver que les formalités particulières ont été remplies, spécialement qu'on a obtenu l'assentiment de la représentation paroissiale quand cet assentiment est nécessaire.

II. — *Représentation paroissiale*

§ 20. — Le nombre des représentants de la paroisse doit être trois fois plus considérable que celui des marguilliers élus.

Par rapport au nombre d'âmes et aux conditions spéciales d'une paroisse, le nombre des représentants peut, sous ratification du premier président, être diminué.

§ 21. — Les décisions du Conseil d'Eglise doivent être ratifiées par la représentation paroissiale dans tous les cas suivants :

1° Pour l'acquisition, la vente ou les nouvelles charges de la propriété paroissiale, pour la location ou l'affermage de celle-ci pour plus de dix ans, pour la location ou l'affermage de domaines à l'usage des prêtres et des autres serviteurs de l'Eglise au delà du temps que les possesseurs resteront en fonctions ;

2º Pour l'aliénation d'objets ayant une valeur religieuse, scientifique ou artistique;

3º Pour un usage extraordinaire des biens qui en change la nature, ainsi que pour la dénonciation et le recouvrement de capitaux, s'ils ne sont pas replacés à intérêt;

4º Pour des emprunts, s'ils ne servent pas simplement à combler un déficit passager et ne peuvent être remboursés au moyen des excédents de recettes sur les dépenses courantes pendant la période que comprend le projet;

5º Pour soutenir des procès, en tant que ceux-ci n'ont pas pour objet le recouvrement d'intérêts échus ou la rentrée de capitaux placés, dont les intérêts sont restés en retard, et pour conclure des contrats ;

6º Pour la construction de nouveaux édifices ou la réparation importante de bâtiments, si les autorités compétentes ne se sont pas prononcées sur la nécessité d'exécuter ces travaux. Par réparations importantes, on entend celles dont le devis dépasse 200 marks ; dans le cas de nécessité, la représentation paroissiale peut, une fois pour toutes, donner procuration au Conseil d'Eglise pour l'entreprise de réparations proposées, mais seulement jusqu'à concurrence d'une somme de 1.000 marks;

7º Pour l'obtention de sommes d'argent, nécessaires aux besoins religieux, à moins que celles-ci ne doivent être fournies, d'après le droit existant, par les biens de l'Eglise ou par le patron, ou par d'autres personnes qui y sont obligées ;

8º Pour la répartition des contributions incombant aux membres de la paroisse et pour fixation de l'échelle de répartition, cette dernière doit être basée sur l'échelle des contributions directes, soit sur celle des contributions communales;

9º Pour l'introduction ou le changement de taxes d'honoraires;

10º Pour la concession de sommes, sortant de la caisse de l'Eglise, destinées à la création d'emplois nouveaux pour le service de la paroisse, ainsi que pour l'amélioration constante des revenus des emplois existants, et pour la transformation des revenus variables des prêtres et des autres serviteurs de l'Eglise, en prélèvements fixes ou en revenus en argent, ces derniers en tant que la transformation n'a pas lieu d'après les procédés d'amortissement réglés par les lois civiles;

11° Pour l'emploi des fonds religieux ne concernant pas une œuvre religieuse de bienfaisance ou d'instruction scolaire dans le cercle de la paroisse;

12° Pour l'établissement du budget et du projet du budget;

13° Pour les fixations des comptes annuels, et l'octroi de la décharge.

Le budget après fixation, les comptes annuels après décharge, doivent être soumis, pendant deux semaines, à l'examen des membres de la paroisse, après un avis préalable conforme aux usages locaux.

§ 22. — La représentation paroissiale élit, à la réception de nouveaux représentants, un président et un suppléant de celui-ci, et tous deux pour trois ans.

Elle s'assemble sur invitation du président, aussi souvent que l'expédition des affaires l'exige.

En ce qui concerne la convocation de la représentation paroissiale, les prescriptions des paragraphes 14 et 15 seront observées, toutefois avec la restriction que, sur la demande d'un tiers des membres de la représentation paroissiale, la convocation doit s'effectuer.

§ 23. — Le président du Conseil d'Eglise ou l'un des marguilliers désignés par lui (paragraphe 5, n°s 2 et 3) sont autorisés à prendre part, avec voix consultative, aux séances de la représentation paroissiale.

§ 24. — Les membres de la représentation paroissiale, ainsi que le président du Conseil d'Eglise, doivent être convoqués par écrit avec communication de l'ordre du jour, au moins un jour avant la séance.

Pour le reste, on observera les prescriptions des paragraphes 17 et 18; cependant, la présence d'un tiers des membres suffit pour la validation des décisions.

La représentation paroissiale a le droit de décider la publicité de ses séances.

Les décisions sont communiquées au Conseil d'Eglise par un extrait du livre des procès-verbaux signé par le président et deux membres de la représentation paroissiale.

III. — *Election des Marguilliers et des Représentants de la Paroisse*

§ 25. — **Sont** électeurs : **tous les membres masculins, majeurs et indépendants dans la paroisse,** qui habitent la paroisse depuis une année au moins, ou le lieu dont dépendent plusieurs paroisses et qui acquittent toutes les charges religieuses, suivant la mesure des obligations existantes.

Sont indépendants : ceux qui possèdent personnellement un foyer ou qui occupent une fonction publique, ou qui dirigent personnellement un négoce ou le négoce d'une famille dont ils sont membres.

Ne **sont** pas indépendants : ceux qui sont placés sous le régime de la tutelle ou de l'assistance, ou ceux qui, au cours de l'année qui précède l'élection, ont, pour cause de défaut de moyens de subsistance, été entretenus par la charité publique ou qui ont obtenu la remise des cotisations d'Eglise.

§ 26. — Sont exclus du droit de vote ceux :

1º Qui ne possèdent pas les droits civiques ;

2º Ceux qui, pour un délit ou à cause d'un délit qui peut entraîner la perte des droits civiques, se trouvent en prévention criminelle ;

3º Ceux qui sont en déclaration de faillite ;

4º Ceux qui sont en retard de plus d'une année pour le payement des taxes religieuses.

§ 27. — Sont éligibles : les membres électeurs de la paroisse ayant accompli leur trentième année, autant qu'ils ne sont pas exclus du droit de vote, suivant le paragraphe 26.

§ 28. — **Les prêtres et les autres serviteurs de l'Eglise n'appartiennent pas à la catégorie des membres électeurs et éligibles de la paroisse.**

§ 29. — **Personne ne peut être en même temps marguillier et représentant de la paroisse.**

§ 30. — La procédure électorale s'établit d'après l'ordonnance ci-jointe.

§ 31. — Les marguilliers et les représentants de la paroisse doivent être établis dans leurs fonctions et s'engager à une exécution fidèle de leurs obligations.

§ 32. — Les élus ne peuvent refuser la charge de marguillier ou de représentant de la paroisse ni ne s'en démettre, que :

1° S'ils sont âgés de plus de soixante ans, ou

2° S'ils ont été en charge pendant six ans, ou

3° Si d'autres motifs d'abstention sont présentés, tels que : maladie, absences fréquentes ou condition de service incompatible avec la charge à remplir.

Le Conseil d'Eglise statue sur la valeur et la sincérité des motifs invoqués ; et en cas d'appel, pour lequel un délai de deux semaines au plus est accordé à partir du jour où la décision a été notifiée, l'autorité épiscopale statue d'accord avec le président du gouvernement.

Quiconque refuse sans motif valable de remplir la charge pour laquelle il a été élu perd le droit de vote paroissial défini par la loi. Ce droit, cependant, peut lui être rendu, sur sa demande, par le Conseil d'Eglise.

§ 33. — La charge de marguillier et de représentant de la paroisse dure six années. Tous les trois ans, la moitié des membres sortent de charge. Les membres sortants sont rééligibles, et restent toutefois en charge jusqu'à l'élection de leurs successeurs.

La sortie est réglée par la durée de la charge, la première fois par voie de tirage au sort.

§ 34. — Si la charge d'un marguillier élu ou d'un représentant de paroisse cesse avant le temps, la représentation de la paroisse élit, pour le reste de temps de charge, un remplaçant.

IV. — *Cas où la Représentation paroissiale peut ne pas exister*

§ 35. — Dans les paroisses soumises à certaines conditions spéciales, telles qu'une fortune insignifiante, dispersion considérable des maisons, etc., la formation d'une représentation paroissiale peut être considérée comme sans objet ou impossible. Dans ce cas, l'autorité épiscopale, d'accord avec le président supérieur, peut décider qu'il n'y a pas lieu d'élire une représentation paroissiale, à moins que l'assemblée des membres de la paroisse appelée à se prononcer n'émette un avis contraire, à la majorité des voix.

§ 36. — En cas d'application du paragraphe 35, les droits accordés par le paragraphe 7, à la représentation paroissiale, seront exécutés par le Conseil d'Eglise.

Les suppléants seront élus par la majorité des électeurs.

V. — *Renvoi et Dissolution*

§ 37. — Le renvoi d'un marguillier ou d'un représentant paroissial a lieu :

1° Pour cause de perte de la qualité d'électeur ;

2° Pour cause de faute grave contre les devoirs de la charge.

Dans ce dernier cas, le droit de vote peut être retiré pour un temps illimité ou pour une période déterminée.

Le renvoi peut être prononcé par les autorités épiscopales ou par le président du gouvernement, après comparution de l'accusé et du Conseil d'Eglise.

Pendant les quatre semaines qui suivent la communication de cette décision, l'accusé peut en appeler à la Cour d'appel pour les affaires religieuses.

Pour le reste, les prescriptions des paragraphes 13 jusqu'à 23 de la loi du 12 mai 1873 sont à appliquer.

§ 38. — Si le Conseil d'Eglise ou la représentation paroissiale s'obstine à négliger ou à refuser d'accomplir les devoirs de leurs charges, ou si certaines affaires qui sortent de leur compétence font l'objet de discussions ou de décisions, malgré avis, ces deux autorités peuvent être dissoutes par l'autorité épiscopale, ainsi que par le premier président, après une entente préalable.

Au décret de dissolution sera joint l'ordre de faire de nouvelles élections.

VI. — *Situation des Patrons et autres ayants droit*

§ 39. — Le patron qui, en vertu du patronat, ou un autre ayant droit qui, en vertu d'un titre particulier, peut faire partie du Conseil d'Eglise ou a le droit de nommer, d'imposer ou de présenter un marguillier, est autorisé dorénavant à entrer dans le Conseil d'Eglise ou à nommer un marguillier.

L'ayant droit qui entre dans le Conseil d'Eglise et le marguillier nommé par lui doivent posséder l'éligibilité prescrite par les paragraphes 27 jusqu'à 29.

§ 40. — En outre de l'autorisation de faire partie du Conseil d'Eglise, fixée par le paragraphe 39, il reste au patron qui possède les charges patronales nécessaires aux besoins religieux la surveillance sur l'administration de la caisse de l'Eglise et le droit d'adhésion aux affaires de la régie des biens soumise à sa ratification par les lois existantes.

Les décisions du Conseil d'Eglise et de la représentation paroissiale doivent être communiquées par écrit au patron. S'il ne se prononce pas sur celles-ci pendant un laps de temps de 30 jours, il est considéré comme d'accord avec elles. En cas de protestation du patron, le Conseil d'Eglise peut en appeler au gouvernement du district, au Consistoire royal de l'Eglise catholique dans la province de Hanovre, qui peuvent rejeter l'opposition du patron et compléter son adhésion.

Mais un semblable complément est inadmissible s'il s'agit de dépenses pour lesquelles la caisse de l'Eglise n'a pas été désignée jusqu'ici.

S'agit-il d'actes qui nécessitent l'adhésion du patron? Celle-ci étant acquise par suite de la non-observation des délais légaux par le patron, la signature à obtenir sera donnée par les autorités du contrôle, désignées dans l'art. 2.

§ 41. — Dans les districts où les communes sont légalement tenues de subvenir aux besoins religieux des paroisses, il faut communiquer au bourgmestre une copie du budget et du compte de l'exercice annuel et l'avertir que, suivant les prescriptions du paragraphe 21, on les a exposées pour que le public en puisse prendre connaissance.

VII. — *Prescriptions d'exécution*

§ 42. — Les instructions sur la comptabilité émanant des autorités épiscopales ou du premier président peuvent, après accord réciproque, être transmises au Conseil d'Eglise ou à la représentation paroissiale.

§ 43. — Si l'autorité épiscopale, dans tous les cas où elle doit prendre une attitude affirmative ou négative, d'accord avec les autorités civiles, ne fait pas usage de ses prérogatives, les autorités civiles ont le devoir de lui enjoindre d'exercer son droit. Si dans les 30 jours qui suivent, elle n'a pas exercé son droit, l'usage de ces prérogatives passe aux mains de l'autorité civile.

Dans tous les cas où l'autorité épiscopale et les autorités civiles, chacune d'accord avec l'autre, ont une disposition ou une décision à prendre, l'autorité chargée de donner son adhésion doit se prononcer dans les 30 jours qui suivent la réception de la requête. Si elle ne se prononce pas, elle est déclarée d'accord.

En cas de protestation, le premier président décide sur toutes divergences de vues entre les autorités épiscopales et le président du gouvernement; sur toutes divergences entre celui-ci et les autorités épiscopales, le ministre des Cultes décide.

§ 44. — Dans les dispositions adoptées, il faut mentionner si l'entente s'est faite ou si le délai fixé ayant été dépassé, l'adhésion peut être considérée comme acquise, ou si la décision a été prise par suite d'opposition.

§ 45. — Un marguillier se refuse-t-il à entrer en charge ou à exercer les droits de celle-ci, une nouvelle élection est nécessaire.

Si le marguillier nouvellement élu se refuse également à remplir les devoirs de sa charge ou à entrer en charge, le président du gouvernement est autorisé à nommer un marguillier parmi les électeurs de la paroisse.

§ 46. — L'élection des marguilliers devient-elle impossible, ou la majorité des marguilliers élus se refuse-t-elle à entrer en charge ou à remplir les devoirs de la charge, ou bien le Conseil d'Eglise nouvellement élu après dissolution du précédent doit-il être également dissous, le président du gouvernement est autorisé à nommer une commission de régie des affaires des biens de l'Eglise, en exécution des paragraphes 9 à 11 de la loi du 20 mai 1874.

L'élection de la représentation paroissiale devient-elle impossible, ou la majorité des représentants de paroisse se refuse-t-elle à entrer en charge ou à remplir les devoirs de sa charge, ou bien la représentation paroissiale nouvellement élue, après dissolution de la précédente, doit-elle également être dissoute, le président du gouvernement est autorisé à faire régir par une commission aussi bien les affaires du Conseil d'Eglise que celles de la représentation paroissiale.

VIII. — Droits de Contrôle

§ 47. — Les habitudes légales d'administration ne sont pas atteintes par la présente loi.

Les droits de contrôle dévolus aux autorités religieuses légalement constituées et l'adhésion aux procédés habituels d'administration continueront à être exercés avec les réserves prescrites par les paragraphes suivants :

§ 48. — Si l'autorité religieuse préposée n'use pas des droits de contrôle à elle reconnus ou de participation aux procédés déterminés de l'administration, les autorités civiles de contrôle devront prendre sur elles d'exercer ces droits.

Si elle ne tient pas compte au bout de 30 jours de l'injonction transmise, l'exercice de ses privilèges passe à l'autorité civile de contrôle.

§ 49. — Si l'autorité religieuse refuse à l'administration le consentement pour certaines opérations, le Conseil d'Eglise peut en appeler de cette décision au premier président, qui en juge en dernier ressort.

§ 50. — Pour être valables, les décisions du Conseil d'Eglise et de la représentation paroissiale doivent être soumises à l'approbation des autorités civiles de contrôle dans les cas suivants :

1° Pour l'acquisition, la vente ou l'hypothèque de propriétés foncières;

2° Pour la vente d'objets ayant une valeur historique, scientifique ou artistique;

3° Pour tous emprunts contractés selon l'esprit du paragraphe 21, n° 4;

4° Pour la construction de nouveaux bâtiments destinés au culte, aux prêtres ou aux autres serviteurs de l'Eglise;

5° Pour l'installation ou la transformation des lieux de sépulture;

6° Pour l'introduction ou la modification de taxes d'honoraires;

7° Pour la publication, l'organisation de quêtes, collectes, etc., destinées à des œuvres religieuses de bienfaisance ou scolaires et faites en dehors des locaux de l'Eglise;

8° Pour un emploi de la fortune religieuse ne concernant pas des œuvres religieuses charitables ou scolaires, à l'intérieur de la paroisse.

Dans le cas prévu par le n° 8, la ratification est acquise si les autorités civiles de contrôle ne font pas opposition dans le délai de 30 jours, après la communication de la décision;

9° Pour l'imposition de contributions sur les membres de la paroisse.

Dans le cas prévu par le n° 9, la ratification doit être refusée dès que s'élèvent des doutes relatifs à la régularité de l'imposition, au taux des contributions ou à la situation de fortune des imposés.

En ce qui concerne les donations ou les dispositions testamentaires, on doit se référer à la loi du 23 février 1870.

§ 51. — Le Conseil d'Eglise peut soutenir des procès sans autorisation des autorités civiles et religieuses.

En ce qui concerne la légitimité du Conseil d'Eglise, les attestations l'autorisant à s'occuper d'affaires de droit ou les attestations relatives à l'existence de faits qui légitiment sa demande d'être exonéré de frais ne peuvent être valablement donnés que par l'autorité civile de contrôle.

§ 52. — L'autorité civile de contrôle a le droit de prendre connaissance du budget et de rayer les articles contraires à la loi. Les sommes refusées ne peuvent être prises en considération.

§ 53. — Le Conseil d'Eglise ou la représentation paroissiale se refusent-ils à porter sur le budget, à établir ou à ratifier les payements qui incombent aux biens religieux, ou aux curés ou à tous autres responsables, l'autorité épiscopale, ainsi que l'autorité civile de contrôle, sont autorisées, après entente réciproque, à faire l'inscription sur le budget et à prendre toutes les autres dispositions nécessaires.

Se basant sur la même hypothèse, ces autorités ont la faculté d'ordonner qu'il soit juridiquement fait droit aux demandes de l'Eglise, de la paroisse, de la commune et des biens soumis à l'administration du Conseil d'Eglise; elles sont particulièrement autorisées à prendre les mesures nécessaires pour exiger des dommages-intérêts des prêtres ou des employés d'Eglise qui n'auraient pas accompli les obligations de leur charge.

§ 54. — Les comptes de l'exercice annuel doivent être transmis aux autorités civiles de contrôle, qui examineront si l'administration s'est faite, d'après le budget.

§ 55. — Une ordonnance royale désignera les autorités civiles qui devront exercer le contrôle prescrit par les paragraphes 48, 50 à 52, 53, 54.

IX. — *Dispositions finales et de transition*

§ 56. — Les prescriptions de cette présente loi ne seront pas appliquées dans les paroisses de garnison, de Chapitre et d'institution.

§ 57. — A partir du 1er octobre 1875, les attributions dévolues par la présente loi aux Conseils d'Eglise et à la représentation paroissiale ne pourront être exercées par aucune autre personne ou autorité que celles désignées dans la présente loi.

Si d'après les droits exercés jusqu'à ce jour par les autorités ecclésiastiques (Conseils et Collèges d'Eglise (1), Maîtrises d'Eglise, représentants, etc...), d'autres privilèges que ceux de la régie des biens existent, ceux-ci passent au Conseil d'Eglise s'ils ont été exercés exclusivement par les autorités appelées à la régie des biens ; dans tous les autres cas, ils passent à la représentation paroissiale. Si celle-ci fait défaut, les privilèges, ainsi que toutes prérogatives lui appartenant, seront exercés par le Conseil d'Eglise.

§ 58. — Les droits légalement reconnus aux autorités épiscopales sur l'administration des biens religieux dans les paroisses demeurent réservés aussi longtemps que les autorités épiscopales refuseront de se soumettre à la présente loi, ou aussi longtemps que la fonction en question ne sera pas occupée par un titulaire ou administrée conformément à la loi.

On considère que l'insoumission existe si les autorités épiscopales ne déclarent pas, dans les 30 jours qui suivent la mise en demeure écrite du premier président, qu'elles obéiront aux règlements de la présente loi.

Dans ce cas, les privilèges attribués aux autorités épiscopales passent à l'autorité civile compétente.

§ 59. — Toutes les prescriptions contraires à la présente loi, qu'elles soient contenues dans le droit commun à différentes parties du pays, ou dans les lois provinciales, locales, ou dans les ordonnances locales, ou établies par la tradition ou l'habitude sont supprimées.

§ 60. — Le ministre des Affaires religieuses est chargé de l'exécution de la présente loi.

Le ministre, par égards aux conditions locales ou aux arrangements existants déjà pour la régie des biens, est autorisé à prolonger le délai d'exécution prescrit au § 57, n° 1.

Authentiquement, sous notre signature et sous l'apposition de notre sceau royal.

Donné à la station thermale d'Ems, le 20 juin 1875.

GUILLAUME.

Prince de BISMARCK, CAMPHAUSEN, comte D'EULENBURG, LÉONHARDT, FALK, von KAMEKE, ACHENBACH, FRIEDENTHAL.

---

(1) Conseils de Fabrique.

II

RÈGLEMENT

concernant les Elections pour l'exécution de la présente Loi (1)

Article premier. — Le Conseil d'Eglise règle l'élection des marguilliers et des représentants de paroisse, établit la liste des électeurs et expose celle-ci dans un lieu public, accessible à tous, deux semaines avant les élections.

Le lieu et l'époque de l'exposition doivent être communiqués à la paroisse publiquement, par voie d'affiches, avec la remarque qu'après expiration du délai d'exposition, toutes oppositions contre la liste ne pourront plus être prises en considération. Selon l'appréciation du Conseil d'Eglise, la notification peut être faite encore sous d'autres formes, en rapport avec les conditions locales.

Tout membre électeur de la paroisse a le droit de faire opposition.

Art. 2. — Le Conseil d'Eglise statue sur les oppositions et rectifie la liste. L'électeur éliminé par une décision du Conseil d'Eglise pourra faire appel à la représentation paroissiale dans les deux semaines qui suivent la notification de la liste, ou, au cas où cette autorité n'existerait pas, à l'autorité épiscopale. Cette dernière statue après entente avec le président du gouvernement. L'action en appel ne saurait empêcher ou retarder les élections. Il faut qu'il y ait deux semaines complètes entre l'expiration du délai d'opposition et le jour des élections.

Art. 3. — L'invitation aux élections doit contenir le lieu et l'époque des élections, ainsi que le nombre des personnes à élire, et elle doit être notifiée à la paroisse publiquement, par voie d'affiches.

Art. 4. — Selon l'appréciation du Conseil d'Eglise, la notifi-

---

(1) Stifter : *Actenstücke*, 145.

cation peut être faite dans d'autres formes compatibles avec les conditions locales.

Art. 5. — Un bureau électoral, composé du président du Conseil d'Eglise et de quatre assesseurs, choisis par le président, parmi les membres éligibles de la paroisse, doit être formé.

Les élections sont dirigées par le président.

Art. 6. — Le bulletin de vote, non signé et plié, doit être déposé personnellement dans les urnes disposées à cet effet.

Art. 7. — Si, au premier tour de scrutin, la majorité nécessaire au nombre légal de personnes pour la formation du Conseil d'Eglise ou de la représentation paroissiale n'est pas atteinte, on procède à un nouveau scrutin portant sur ceux qui ont réuni le plus grand nombre de voix.

Si leur nombre est supérieur au double du nombre de personnes nécessaires pour le Conseil d'Eglise ou la représentation paroissiale, ceux qui ont obtenu le moins de voix se retirent, de façon que le nombre des éligibles qui restent soit le double du nombre des personnes à élire.

En cas d'égalité de voix, le sort décide.

Art. 8. — Après que le président a déclaré le scrutin clos, aucun bulletin de vote ne peut plus être déposé.

Art. 9. — Le bureau électoral statue sur la validité ou la nullité des bulletins de vote.

Art. 10. — On fera un procès-verbal des opérations électorales qui relatera toutes les phases essentielles du vote. Celui-ci doit être signé par le président et par deux membres, au moins, du bureau électoral.

Art. 11. — L'élection du Conseil d'Eglise doit précéder celle de la représentation paroissiale.

Art. 12. — Les noms des élus seront notifiés publiquement, par voie d'affiches ; selon l'appréciation du Conseil d'Eglise, la notification peut être faite dans toutes les formes compatibles avec les conditions locales.

Art. 13. — Les oppositions contre les élections doivent parvenir au Conseil d'Eglise, dans le délai de deux semaines à dater du dernier jour d'affichage ; le Conseil d'Eglise statue sur ces oppositions.

Si l'opposition n'est pas prise en considération, dans un délai de deux semaines à compter après communication de la décision, on peut en appeler à l'autorité épiscopale, qui statuera après entente avec le président du gouvernement.

ART. 14. — Pour la première élection, les autorités épiscopales nommeront, après entente avec le président du gouvernement, le bureau électoral et son président.

Le bureau électoral se chargera des affaires du ressort du Conseil d'Eglise.

Il en sera de même dans le cas de dissolution du Conseil d'Eglise.

III

ORDONNANCE ROYALE.

Sur l'exercice des Droits de contrôle par l'Etat
Sur la Régie des Biens des Paroisses catholiques

27 SEPTEMBRE 1875 (1).

Nous, Guillaume, par la grâce de Dieu, roi de Prusse, etc...,
ordonnons, en conformité avec le paragraphe 55 de la loi sur la
régie des biens des paroisses catholiques, du 20 juin 1875, et sur
la proposition de notre ministère pour toute la Monarchie,
ce qui suit :

« ARTICLE PREMIER. — Les droits de contrôle de l'Etat spécifiés
par les paragraphes 48, 50 à 52, 53 et 54 de la loi du 20 juin 1875
seront exercés :

« 1º Par le ministre des Affaires cultuelles (des Cultes) : pour
l'achat, la vente ou l'hypothèque de propriétés foncières (§ 50,
nº 1), si la valeur de l'objet à acquérir ou à vendre, le montant
de l'hypothèque est supérieur à la somme de 10.000 marks.

« Pour l'aliénation d'objets ayant une valeur historique, scientifique ou artistique, § 50, nº 2 ;

« Pour la construction de bâtiments neufs destinés au service
divin, § 50, nº 4 ;

« Pour l'établissement de lieux de sépultures, § 50, nº 5.

« 2º Par le président supérieur :

« Dans tous les cas du § 50, nº 7 ;

« 3º Par le président du gouvernement :

« Dans tous les autres cas du paragraphe 50, ainsi que dans les
cas du paragraphe 48 et des paragraphes 51 à 54.

« ART. 2. — Le Conseil d'Eglise peut faire appel : des ordonnances du premier président (art. 1er, nº 2), au ministre de
l'Intérieur et au ministre des Affaires cultuelles ;

---

(1) STIFTER : *Actenstücke,* 146.

« Des ordonnances du président du gouvernement (art. 1er, n° 3), au premier président, qui statuera en dernier ressort.

« Authentiquement, sous notre signature et sous apposition de notre sceau royal.

« Donné à Berlin, le 27 septembre 1875.

(L. S.)

« GUILLAUME.

« Prince de BISMARCK, CAMPHAUSEN, comte d'EULENBURG ; LEONHARDT, FALK, von KAMEKE, ACHENBACH, FRIEDENTHAL. »

IV

PROTESTATION DES ÉVÊQUES

La loi sur l'administration des biens des paroisses catholiques, calquée sur le règlement synodal et paroissial protestant, annihilait complètement l'autonomie de l'Eglise en mettant les évêques et les curés sous la dépendance soit de la représentation paroissiale, soit de l'Etat, et en leur substituant pour l'administration des biens ecclésiastiques des organes nouveaux, qui ne pouvaient être considérés comme légitimes en vertu des principes fondamentaux de la constitution de l'Eglise catholique. Aussi, pendant que cette loi était en discussion, l'archevêque de Cologne, Mgr Paul Melchers, au nom de tous les évêques de Prusse, adressa une requête de protestation à la Chambre des Députés.

Cette requête est datée du 10 mars 1875.

REQUÊTE ADRESSÉE A LA CHAMBRE DES DÉPUTÉS CONTRE LE PROJET DE LOI CONCERNANT L'ADMINISTRATION DES BIENS DE L'EGLISE, PAR L'ARCHEVÈQUE DE COLOGNE, AU NOM DES EVÊQUES DE PRUSSE, A LA DATE DU 10 MARS 1875.

A l'honorable Chambre des Députés !

Le projet de loi relatif à l'administration des biens de l'Eglise proposé à la ratification de la Chambre, contient un grand nombre de règlements qui sont incompatibles avec les droits acquis à l'Eglise catholique et qui, au contraire, lui sont nuisibles et préjudiciables. Ils lèsent en effet l'autonomie de l'Eglise, garantie non seulement par son institution et son organisation divine, mais aussi, en vertu des droits généraux, des traités gouvernementaux, des engagements du souverain, en vertu même de la Constitution de l'Etat, comme le comprend l'art. 15 actuel.

Au point de vue de l'administration des biens, l'autonomie de l'Eglise est complètement annihilée par les dispositions de ce projet de loi, en ce sens qu'il paralyse *toute initiative des représentants légaux de l'Eglise;* il met ceux-ci sous la dépendance et de la représentation communale et des autorités civiles; il introduit ainsi dans l'administration des biens des Eglises de nouveaux éléments à la place des représentants légaux ; or, ces éléments, de par les lois fondamentales de l'Eglise, ne peuvent être considérés comme licites.

Le projet de loi en question renferme, en quelque sorte, la sécularisation des biens de l'Eglise, car il les considère et les traite comme des biens appartenant à la paroisse. Or, d'après les règles fondamentales du droit canonique et commun, et, en interprétant exactement la législation générale de l'Etat de Prusse, d'accord en cela avec les lois françaises, ces biens appartiennent aux Eglises elles-mêmes, et non pas aux paroisses.

D'ailleurs, la loi projetée viole sous bien des rapports *les droits essentiels et inaliénables de l'Eglise catholique;* aussi, pour l'établir, la compétence juridique ne pourra-t-elle jamais être reconnue aux législateurs.

L'épiscopat de l'Eglise catholique et romaine en Prusse considère comme son devoir d'élever la voix contre le projet de loi relatif à l'administration des biens de l'Eglise catholique, actuellement soumis à la Chambre, et le soussigné a l'honneur de prier instamment et très humblement la très honorée Chambre des Députés, au nom de ses collègues, ainsi qu'en son propre nom, de refuser sa ratification au projet de loi proposé, qui porterait atteinte aux droits et à l'autonomie de l'Eglise catholique en Prusse.

J'ai l'honneur d'être votre très humble serviteur.

Cologne, le 10 mars 1875.

Signé : † Paulus,
Archevêque de Cologne.

V

LE SAINT-SIÈGE TOLÈRE

la Coopération des Evêques et des Fidèles
à l'exécution de la Loi

Après avoir réprouvé publiquement la loi, les évêques, réunis à Fulda, décidèrent d'adresser à Pie IX un rapport sur les affaires ecclésiastiques. Ils exposèrent au Souverain Pontife combien grave et difficile était la question de la conduite à tenir par les évêques et par les fidèles en présence des nouvelles prescriptions législatives, et ils demandaient si le Saint-Siège permettrait ou tolérerait la coopération des évêques et des fidèles à l'exécution de la loi.

Le rapport des évêques fut envoyé à Rome le 5 avril 1875.

Le 3 mai suivant, le cardinal Antonelli, secrétaire d'Etat de Pie IX, fit connaître à l'Archevêque de Cologne la réponse du Saint-Siège. Elle portait :

« Pour éviter de plus grands maux, et tout danger de scandale soigneusement éloigné, la coopération des évêques et des fidèles à l'exécution de la loi sur l'administration des biens ecclésiastiques peut être tolérée. »

Voici cette réponse intégralement :

Illme ac Rvdme Domine!

Litteras Tuas Illme ac Rvdme Domine, die quinta Aprilis nuper elapsi ad me datas accepi una cum Epistola a Te ad Ssmum Domnum Nostrum Pium IX missa, nomine etiam Tuorum Confratrum Epórum, qui superiori mense in civitate Fuldensi sese congregaverant. In eadem Epistola præter alia referebas, Borussiorum gubernium novas leges Ecclesiæ valde perniciosas in publicis Comitiis discutiendas proposuisse, relate ad bonorum Ecclesiæ catholicæ administrationem, Cleri dotationem, jura novæ *Veterum* uti appellant *Catholicorum* sectæ in Ecclesiæ bona attribuenda, et ad alias ordinationes, quæ religiosam juventutis educationem in scholis respiciunt. Significabas insuper in

Conventu Fuldæ habito publicas contra hujusmodi leges et Gubernii ordinationcs a Te aliisque Sacrorum Antistitibus protestationes fuisse emissas. Addebas denique in eodem Conventu unanimi Episcoporum omnium consensu, omnia de quibus actum fuit feliciter esse definita. Verum quod spectat ad legem novam de bonis Ecclesiæ catholicæ administrandis, gravissima ac difficillima occurrit quæstio super agendi ratione ex parte Epôrum atque Fidelium in hujus legis executione. Quapropter cum ejusdem quæstionis solutio absque S. Sedis auctoritate fieri haud posse visum fuerit nomine totius Conventûs Sanctitatem Suam enixe deprecabaris, ut quamprimum declarare dignaretur *utrum Epôrum et Fidelium cooperatio in exequenda lege Gubernii circa bonorum Ecclesiæ catholicæ administrationem ab Apostolica Sede permitti, aut saltem tolerari possit.*

Sanctitas Sua, cui præfatam Epistolam ad Sacras Ejus manus detuli, dum Tuam aliorumque Præsulum agendi rationem in commemorato Conventu habitam summopere commendavit, propositam quæstioncm selectæ, nonnullorum Emorum S. R. E. Cardinalium Congregationi examinandam commisit. Emi vero Patres rerum omnium adjunctis diligenter et accurate perpensis eidem quæstioni respondendum censuerunt :

« Attentis expositis ac præserlim solemni protestatione jam ab
« Episcopis collective emissa tolerari posse ad avertenda gra-
« viora mala, et remoto, prudentiori modo quo fieri poterit
« scandalo, tam ipsorum Episcoporum quam Fidelium coopcra-
« tionem in exequenda lege Gubernii circa administrationem
« bonorum Ecclesiasticorum ; et ad mentem.

« Mens est ut hujusmodi tolerantia nullimode per publicum
« actum divulgelur, sed Fideles, juxta votum propositum ab eis-
« dem Episcopis, instruantur *privatim* et per *Parochos,* posse ad
« tuenda Ecclesiæ bona in electionibus secundum legis ordina-
« tioncm facicndis concurrere, dummodo probos seligant Catho-
« licos, de quibus sibi pcrsuasum sit (juxta mentcm Ecclesiæ),
« ipsius bona, in quantum fieri potest, esse administraturos, ac
« insuper ante electiones faciendas adcant Ministrum Regium
« petentes, ut secundum faculatem ipsi a legis articulo 55 tribu-
« tam, permittat legem novam in sua Paræcia ad executioncm
« non dcduci; ac tandem ut in rebus gravioribus sc gerant
« juxta Episcopi, vel alterius legitimi Præsidis ecclesiastici ins-
« tructioncs. »

Hanc Emorum Patrum Sententiam Ssmus D. N. benigne appro-
bavit, mihique in mandatis dedit ut eamdem in Tui notitiam per-
ferrem. Dum hæc Summi Pontificis jussu Tibi, Illme ac Rvdme
Domine, rescribenda propero, Te rogo ut ea cum aliis Epis Tuis
Collegis communicare cures. Pergratum autem mihi est, Tibi
ipsi significare, Sanctitatem Suam Apostolicam Benedictionem
Tibi, Tuisque Confratribus Epîs, ac universo Clero et populo
Vestræ Pastorali curæ commisso peramanter impertiri. Ego
vero hac occasione perlibenter utor ut propensos erga Te animi
sensus tester atque confirmem.

Dominationis Tuæ Illmæ ac Rvdmæ

Addictissimus servus verus.

J. Card. ANTONELLI.

Illmo ac Rvdmo Dno
D° Paulo Melchers, Archiepo
Coloniensi

Coloniam.

Romæ, 3 Maii 1875.

VI

NOUVELLE CONSULTATION ET NOUVELLE RÉPONSE
DU SAINT-SIÈGE

Avant que la lettre du Cardinal secrétaire d'Etat ne fut arrivée à Cologne, une aggravation des plus importantes avait été introduite dans le texte de la loi en délibération. Un amendement avait été présenté à l'art. 53 par la Commission. Il stipulait que « les droits reconnus aux évêques passeraient aux autorités de l'Etat, si les évêques ne promettaient pas, dans les 30 jours, de se soumettre en tous points aux prescriptions de la loi ». L'amendement fut accepté par le Gouvernement, transformé en art. 58 et voté le 1er mai.

Dès que l'amendement fut présenté au Landtag, l'Archevêque de Cologne, sans prendre le temps de consulter ses collègues, se hâta d'en informer le cardinal Antonelli, et demanda si les évêques pouvaient faire la promesse exigée par cet amendement.

Le Secrétaire d'Etat de Pie IX répondit sans retard que le Saint-Siège avait atteint l'extrême limite de l'indulgence et de la tolérance dans l'instruction donnée le 3 mai, et qu'il n'autorisait pas cette promesse, mais qu'il maintenait ce qu'il avait accordé dans ladite instruction.

C'est l'objet de la lettre suivante du cardinal Antonelli ; elle est du 15 mai :

Illme ac Rme Domine !

Jam Te, Illme ac Rme Domine, accepisse arbitror meam epistolam die 3 hujus mensis Maii ad te datam, una cum instructione a Sanctitate Sua adprobata, quam Dominatio Tua nomine etiam Tuorum confratum Episcoporum postulabas, relate ad novam legem super bonorum Ecclesiæ catholicæ administratione a Borussico Gubernio in publicis comitiis discutiendam propositam. Nunc Tuis litteris die 7 prædicti mensis ad me missis significare properas, eamdem legem, uti jam verebaris, in regni comitiis multa accepisse additamenta, quibus Ecclesiæ longe graviora parantur damna, quam in primo legis schemate continebantur; et præsertim in paragrapho 53 additum esse refers « quod Episcopus quamdiu novæ huic legi de Ecclesiæ bonorum administratione submissionem plenariam a se præstandum promittere detrectet, omni jure circa bona Ecclesiæ administranda privetur ». Narras denique indubitatam rem esse; quapropter, rebus sic stantibus, totum negotium sanctæ Sedis judicio subjiciendum existimas enixe postulans, ut super eodem quam citissime responsum dare dignetur.

Nulla interposita mora easdem Tuas litteras SSmo Domino Nostro retuli, qui perpensis omnibus hæc Tibi rescribenda mandavit. Quum S. Sedes in commemorata instructione extremos indulgentiæ ac tolerantiæ limites attigerit, consentire nequit, ut Episcopi promissionem juxta additamentum in paragrapho 53 præscriptam, utpote Ecclesiæ juribus prorsus adversam, emittant; firmis ceterum remanentibus quæ in eadem instructione præstituta sunt.

Hæc Tibi, Illme ac Rme Domine, Sanctitatis Suæ jussu significanda habui, quæ cum aliis quoque istius regni Episcopis communicabis.

Interim pergratum mihi est hac uti occasione, ut propensam meam erga Te voluntatem denuo tester atque confirmem.

Amplitudinis Tuæ,
Addictissimus famulus,
† Card. ANTONELLI.

R. P. D. Paulo Melchers
Archiepiscopo Coloniensi

Coloniam.

Romæ, die 15 Maii 1875.

VII

ACCEPTATION DE LA LOI PAR LES ÉVÊQUES

La loi adoptée par la Chambre des Députés fut portée le 21 mai à la Chambre des Seigneurs. Les évêques renouvelèrent leur protestation, mais elle fut votée avec quelques modifications. Dans le paragraphe 58, les mots « en tous points » furent supprimés.

La loi retourna au Landtag, qui accepta, le 4 juin, les modifications introduites par la Chambre des Seigneurs, où elle retourna encore le 11 juin. Le 20 juin, elle fut promulguée.

Autorisés par l'instruction pontificale du 3 mai, maintenue le 15 mai, les évêques résolurent de se soumettre à la loi, modifiée en ce qui touchait l'administration des biens ecclésiastiques. Ils le firent savoir, en termes identiques, au représentant du Gouvernement dans leur province.

Nous reproduisons la lettre que l'Archevêque de Cologne adressa, le 27 juillet 1875, au président de la province du Rhin.

Lettre adressée par l'Archevêque de Cologne au Président de la province du Rhin, M. D. von Bardeleben, le 27 juillet 1875 (1).

La loi du 20 juin dernier contient plusieurs prescriptions lésant gravement les droits acquis de l'Eglise catholique en ce qui concerne l'administration, à elle réservée, des biens ecclésiastiques. Aussi l'Episcopat de Prusse s'est-il vu dans l'obligation de protester, auprès des deux Chambres, contre le projet de cette loi et de demander confirmation de ses droits. Je maintiens cette protestation ; néanmoins, en réponse à la demande que Votre Excellence m'a adressée le 13 de ce mois, je m'empresse de lui faire connaître ma décision sur la conduite à tenir.

Considérant que la nature de la présente loi diffère des précé-

---

(1) V. Dumont : *Sammlung Kirchlicher Erlasse*, 486. Cologne, 1891-1899.

dentes lois politico-ecclésiastiques, j'ai résolu de m'y soumettre, en ce qui touche l'administration des biens de l'Eglise, et d'user des droits qu'elle reconnaît à l'autorité ecclésiastique.

A cet effet, je prendrai les dispositions nécessaires à l'établissement des élections, ordonnées par la loi, et j'entrerai en correspondance avec le président du gouvernement compétent.

VIII

INSTRUCTIONS DONNÉES AU CLERGÉ

Le même jour où cette lettre était envoyée au président de sa province, l'Archevêque de Cologne et son vicaire général adressaient au clergé des instructions qui, d'après l'instruction pontificale, devaient rester confidentielles. Les mêmes instructions furent adressées à leur clergé par tous les évêques.

LETTRE CONFIDENTIELLE DE L'ARCHEVÊQUE DE COLOGNE, ADRESSÉE LE 27 JUILLET 1875 AUX CURÉS DE SON ARCHIDIOCÈSE, AU SUJET DE LA LOI DU 20 JUIN 1875, ET PRESCRIVANT DE PRENDRE PART A L'ÉLECTION DE CONSEILLERS DE FABRIQUE ET DE REPRÉSENTANTS COMMUNAUX (1).

L'épiscopat catholique de Prusse s'est cru dans l'obligation de protester contre cette loi. Projetée seulement, elle annonçait déjà de nombreuses atteintes à des droits de l'Eglise catholique très importants. Elle lui enlevait notamment la faculté d'administrer elle-même ses biens, faculté inaliénable que lui avait garantie, d'ailleurs, la Constitution de l'Etat de Prusse. Promulguée, elle aggrave encore le premier projet, et les dispositions qu'elle édicte contre nous sont plus dures. Il s'agit maintenant de son exécution. Quelle attitude doivent prendre le clergé et les fidèles? Voici ce qui nous a paru urgent de leur communiquer à ce sujet:

Cette loi a ceci de commun avec les autres lois politico-ecclésiastiques : qu'elle a été faite *uniquement* par l'Etat sur des affaires de l'Eglise et sans aucune consultation ou collaboration de celle-ci. Toutefois, il y a entre cette loi et les précédentes des différences. D'abord, son objet ne vise pas les droits supérieurs et sacrés de l'Eglise, mais l'administration de ses biens temporels, indispensables, il est vrai, à son existence et à son action ; ensuite, la participation demandée aux fidèles à l'accomplissement de cette loi n'a rien qui puisse être regardé, en soi, comme rigoureusement défendu par la conscience ; conséquemment, cette participation peut, dans le cas actuel, être tolérée par l'Eglise.

---

(1) STIFTER : *Actenstücke,* 147. Fribourg-en-Brisgau, 1882.

Les évêques et les prêtres peuvent donc faire usage des droits que cette loi leur laisse ; ils peuvent, vu les circonstances, permettre aux membres des communautés ecclésiastiques catholiques de prendre part à l'administration des biens de l'Eglise, conformément aux dispositions qu'elle édicte.

Nous avons confiance dans les nombreux témoignages de bon esprit et de fidélité à l'Eglise donnés par les communautés catholiques. Il y a lieu d'en augurer avec certitude que des élections de fabriciens et de représentants communaux ordonnées par la loi il ne sortira que des hommes dont on puisse attendre une administration des biens ecclésiastiques conforme aux principes et à la discipline de notre sainte Eglise. La non-participation des fidèles à ces élections, leur refus d'accepter la charge à laquelle ils auraient été ainsi désignés exposeraient à voir l'administration des biens transmis à l'Eglise par nos ancêtres tomber entièrement aux mains soit de membres irréligieux, soit de personnes hostiles à l'Eglise, soit même des vieux-catholiques.

C'est pourquoi les évêques catholiques de la Prusse, à l'unanimité, ont jugé bon d'autoriser les fidèles ou à procéder à ces élections, ou à les accepter ; ils croient absolument nécessaire qu'il n'y ait pas d'abstentions.

Par les présentes, nous enjoignons donc à Messieurs les curés et aux autres prêtres d'accepter la place que la loi leur accorde dans le Conseil d'Eglise. Nous les chargeons, en outre, d'instruire sur ce point les fidèles. Leurs exhortations, données à propos, non du haut de la chaire, mais en particulier, seront conformes à l'instruction présente. Ils leur répéteront qu'on leur demande instamment de prendre part à ces élections si souvent mentionnées dans cette lettre. Il faut concentrer sur ce point tous les efforts. Il faut qu'il ne soit choisi pour les Conseils d'Eglise et les représentations paroissiales que des hommes capables, consciencieux, doués du sens juste des choses catholiques, des hommes dont on puisse être sûr qu'ils administreront les biens de l'Eglise selon l'esprit de l'Eglise ; des hommes qui soient les observateurs scrupuleux de ses principes et de ses prescriptions ; des hommes, enfin, qui ne perdent jamais de vue la destination originaire des biens dont ils auront charge.

Cologne, le 27 juillet 1875.

L'*Archevêque :*

† Paul.

CIRCULAIRE

à tous les Curés du Diocèse archiépiscopal de Cologne du 27 Juillet 1875 (1)

D'après la loi du 20 juin sur la régie des biens des paroisses catholiques, et selon l'art. 14 du régime électoral prévu par cette loi, le bureau électoral préposé aux élections prochaines des Conseils d'Eglise et des représentants de paroisses doit être nommé par les autorités épiscopales. Nous chargeons donc Votre Honneur de nous désigner, dans le délai de huit jours, cinq membres de votre paroisse qui vous paraîtront, par leurs convictions religieuses et leurs autres qualités, susceptibles de remplir les devoirs du bureau électoral, et de nous indiquer surtout celui que vous croirez devoir recommander pour la présidence du bureau électoral.

Veuillez nous faire savoir, en outre, si dans votre paroisse se trouve établie une chapelle pourvue des droits d'une personnalité juridique, et si celle-ci est regardée comme paroisse-chapelle. Dans ce cas, veuillez nous désigner, parmi les membres de cette paroisse-chapelle, un président et quatre autres membres ayant qualité pour constituer un bureau électoral, pour les élections du Conseil d'Eglise et de la représentation paroissiale de cette chapelle.

Si dans votre paroisse se trouvent des chapelles qui ne possèdent cependant pas les droits d'une personnalité juridique, mais qui sont fréquentées par un certain nombre de fidèles ou qui servent au culte pour une commune d'une certaine importance et qui sont pourvues de biens suffisants, nous prions Votre Honneur de nous faire vos propositions relatives aux paroissiens de ces chapelles, pour la constitution d'un bureau électoral.

Si d'autres chapelles se trouvent dans votre paroisse, veuillez nous donner des détails sur leurs conditions. Si des propositions

---

(1) Stiften : *Actenstücke*, 148. Fribourg-en-Brisgau, 1882.

peuvent être faites pour le bureau électoral d'une paroisse-chapelle, veuillez, afin d'obtenir la plus grande sécurité pour le bureau électoral en prévision des élections constitutives du Conseil d'Eglise et de la représentation paroissiale, ne désigner aucun des membres des paroisses-chapelles, mais seulement des membres de la paroisse ne faisant partie d'aucune de ces paroisses-chapelles.

Votre Honneur voudra bien nous faire parvenir, par l'intermédiaire de M. le Doyen, ses propositions et son rapport, nécessaires pour la liquidation de cette affaire.

Cologne, le 27 juillet 1875.

Le Vicaire général archiépiscopal.

IX

LA SOUMISSION DES ÉVÊQUES ET L'OPINION

Les instructions précédentes furent adressées au clergé en allemand. Mais l'Archevêque de Cologne les traduisit en latin, et, en accusant réception des lettres des 3 et 15 mai, les communiqua au cardinal Antonelli, le 19 août 1875. Il donne au Secrétaire d'Etat ces quelques détails très intéressants :

Les instructions confidentielles avaient été vite publiées par les journaux.

Tous les catholiques raisonnables (omnes qui sanæ mentis sunt) *approuvaient l'attitude prise par les évêques.*

Les vieux-catholiques et les ennemis de l'Eglise manifestaient leur indignation, parce qu'ils avaient espéré que les évêques refuseraient de se soumettre, et qu'ainsi les biens des Eglises seraient tombés en leurs mains.

Une lettre adressée d'Allemagne au Cardinal secrétaire d'Etat renfermait de fausses accusations à l'égard des évêques et protestait contre la soumission à la loi.

« Ce n'est pas d'aujourd'hui qu'à ma connaissance, écrit l'Archevêque, il existe parmi les catholiques de Prusse une petite faction d'hommes, excellents chrétiens, pleins de foi et de dévouement envers l'Eglise, mais qui ne sont pas doués d'une prudence également remarquable. Souvent ils veulent être plus catholiques que les évêques et même que le Saint-Siège, ou du moins mieux savoir ce qui est utile à l'Eglise, plerumque magis quam episcopi, immo ipsa sacra Sedes Apostolica, catholici esse aut saltem rescire volunt quid prosit Ecclesiæ catholicæ.

Mgr *Melchers soupçonne que l'auteur de la lettre accusatrice se trouve parmi ces catholiques intransigeants.*

L'Archevêque avait commencé sa lettre en indiquant la formule pleine de réserve dont les évêques s'étaient servi pour faire connaître qu'ils se soumettaient à la loi. Il finit en se demandant ce qu'il adviendrait si le Gouvernement ne trouvait pas suffisante la déclaration des évêques. Il pense, en raison des graves inconvénients à éviter, que si le Gouvernement demande une déclaration plus explicite, les évêques devraient répondre qu'ils veulent user des droits que leur accorde la loi, selon la teneur de la loi, et qu'ainsi ils obéissent à ladite loi, quoiqu'ils protestent et veulent toujours protester contre elle, parce qu'ils la regardent comme injuste et préjudiciable à l'Eglise.

EME AC RME DNE !

Ad literas colendas, quas Em. Tua prid. kal. h. m'. ad me direxit, reversus de itinere ad parochias visitandas suscepto, humillime respondeo, quæ sequuntur : Eminentiæ Tuæ literas priores die 7 et 15 Maii c. datas suo tempore acceperam atque instructiones al S. Sede iisdem ad me remissas absque mora cum confratribus meis communicaveram. Quo facto omnes Borussiæ Antistites decreverunt, ut pari passu juxta eamdem instructionem quoad legem novam de administratione bonorum Ecclesiæ procederetur, atque ita factum est. Omnes per literas confidentiales parochos instruxerunt, quod, quare et quomodo tam parochi quam fideles ad legem istam, quamvis iniquam, exsequendam possent ac deberent cooperari. Episcopi vero declarationem, quam lex præfata postulat, videlicet quod Eppus hujus legis ordinationibus obsequium præstare velit, non ediderunt, sed referendo ad protestationem jam prius contra hanc legem ferendam interpositam a Gubernio interrogati responderunt, se jura Eppórum circa bonorum Ecclesiæ administrationem, quæ lex ista admittat, velle exercere. Hujus responsi, necnon præfatæ instructionis ad parochos directæ exemplar in linguam latinam translatum hisce adjicio atque animadverto, utrumque invitis Eppis jam ad publicam notitiam pervenisse et per folia publica ubique divulgatum esse.

Ex hac relatione Eminentia Tua jam intelliget, quid de epistola, quam Eadem nuper a Germania accepit et mecum communicavit, sentiendum sit. Considerationes, quas continet, pro parte erroneis nituntur præmissis, pro parte autem spectant ad difficultates, quæ removeri non possunt. Quæritur, quid sit minus malum : per abstinentiam ab omni cooperatione ad legem novam

exsequendam tradere bona Ecclesiæ in manus inimicorum? an
per cooperationem, in quantum licet fieri salva conscientia, sal-
vare quod salvari valet?

Sacra Sedes per transmissam instructionem hanc quæstionem
resolvit et juxta ipsius resolutionem omnes Eppi Borussiæ pari
passu processerunt : atque omnes, qui sanæ mentis sunt, cum
iisdem consentiunt, inimici vero Ecclesiæ iram et indignationem
suam maximam de hujusmodi ab Eppis inito consilio apertissime
per folia publica præ se ferunt, quia spes eorum, fore ut per Epporum et fidelium abstinentiam a cooperatione ad legem exsequendam bona Ecclesiæ in manus inimicorum Ecclesiæ traduntur,
frustrata esse videtur.

Jam innotuit mihi, parvam inter catholicos Borussiæ esse fac-
tionem virorum, qui optima fide ac voluntate erga Ecclesiam
præstant, sed non pari prudentia præditi, plerumque magis quam
Eppi, immo Ipsa sacra Sedes Applica, catholici esse aut saltem
rescire volunt, quid prosit Ecclesiæ catholicæ : inter hujusmodi
suspicor epistolæ ad Eminentiam Tuam a Germaniâ directæ
auctorem inveniri. Cæterum adhuc in suspensa est quæstio, num
Gubernium declarationem nostram ad provinciæ præsidem direc-
tam tamquam sufficientem accipiat, necne. Casu quo non, Episcopi juxta legis ordinationem ab omni directa cooperatione ad
legis exsecutionem et bonorum Ecclesiæ administrationem
excludentur. Quod certe dolendum foret, quia tunc Gubernium
ipsum Epporum vices in se suscipiet. Quare si adhuc distinctior
declaratio ex parte Gubernii postularetur, mihi videtur respondendum esse, Eppos velle jura per legem sibi concessa juxta
legis ipsius normam exercere, atque ita legi obsequium præstare,
quamvis contra legem ipsam tanquam injustam et Ecclesiæ noci-
vam protestati sint atque semper protestari debeant. Quodsi
Eminentiæ Tuæ hæc mea sententia minus placuerit, precor ut
cito me certiorem reddere dignetur, qui maximæ venerationis
sensibus persisto.

Eminentiæ Tuæ Rmæ.

Humillimus servus,
† Paulus.

Archieppus Coloniensis
Emo ac Rmo Dno S. R. E. Cardinali Antonelli
S. S. Pont. Secretario
Romam.

Coloniæ, 19 Augusti 1875.

ROUEN. — IMP. L. MÉGARD